MARTINA KITTLER

KOHL & CO.

Heimisches Superfood neu entdeckt

FOTOGRAFIE: GROSSMANN.SCHÜRLE & COCO LANG

INHALT

Öffnen Sie die Klappen dieses Buches.
Dort finden Sie die wichtigsten Infos zum Thema auf einen Blick!

KOHL:
HEALTHY FACTS

DIE PERFEKTE
KOMBI

Immer griffbereit:

SO GEHT'S:
KOHL
FERMENTIEREN

Immer griffbereit:

SO GEHT'S:
ALLROUND-
GEMÜSE KOHL

GU
CLOU

Wussten Sie schon, dass ...?
Entdecken Sie bei einigen ausgewählten Rezepten ganz besondere Tipps mit verblüffendem Insiderwissen. Aha-Momente garantiert!

Mit diesem Symbol sind alle vegetarischen Gerichte gekennzeichnet.

Die Backzeiten können je nach Herd variieren. Unsere Temperaturangaben beziehen sich auf das Backen im Elektroherd mit Ober- und Unterhitze.

Sammeln Ihrer Lieblingsrezepte mit der »GU Kochen Plus«-App (siehe S. 64)

REZEPTKAPITEL

MARTINA KITTLER

Kohl ist so flexibel! Viele Sorten sind das ganze Jahr über erhältlich. Er kann mariniert, gebraten, gebacken, gegrillt, gedünstet, geschmort, blanchiert oder gedämpft werden. Das Einzige, was ich den Gemüsehelden erspare, ist langes Kochen. Weil ich ihr Aroma und die inneren Werte nicht verlieren möchte.

Warum ist Kohl im Trend?

Ich erinnere mich genau: Kohlrouladen mit Hackfüllung oder Eintopf mit Wirsing, Kartoffeln und Fleisch waren in meiner Kindheit Alltagsessen, aber nicht unbedingt meine Lieblingsspeisen. Kohl wurde als solide und preiswerte Zutat in deftigen Gerichten gefeiert – gut sättigend und stundenlang gegart. Bis die Feinschmecker und Gesundheitsbewusste ihn für sich entdeckten und merkten: Kohl kann auch ein feines und leichtes Gemüse sein, wenn man mit ihm richtig umgeht. Ob vegetarisch gefüllt, als zentrale Komponente im Curry oder im Gratin, fermentiert, mariniert oder roh in Salaten – Kohl ist in aller Munde! Zu Recht, denn Grünkohl, Rot- und Weißkohl, Romanesco und Co. bereichern nicht nur unsere Küche mit ihrer einzigartigen Vielfalt, sondern auch unser Vitalstoffkonto.

Was macht ihn so wertvoll?

Kohlgemüse strotzt nur so vor wichtigen Vitaminen und Nährstoffen. Der Vitamin-C-Gehalt von einigen Kohlsorten ist teilweise so hoch, dass sich der Tagesbedarf bereits mit nur einer Portion decken lässt. Zudem liefert Kohl reichlich gesunde Ballaststoffe, die den Darmbakterien als »Futter« dienen. Diese produzieren dabei Vitamine und andere wichtige Stoffe, stärken unsere Immunabwehr und bauen Toxine im Körper ab.

Warum riecht Kohl eigentlich?

Alle Kohlsorten enthalten Schwefelverbindungen, die beim Kochen einen starken Geruch entwickeln. Dagegen helfen kurze Garzeiten, ein Schuss Essig oder Zitronensaft und verschiedene Gewürze wie Sellerieblätter oder Wacholderbeeren.

DIE GESÜNDESTEN GEMÜSECHIPS

300 g Grünkohlblätter von den Rippen zupfen, waschen, trocken tupfen und in mundgerechte Stücke teilen.

Je 1 EL Olivenöl und Aceto balsamico mit 1 TL getrocknetem Thymian, etwas Salz und Pfeffer verrühren. Den Grünkohl zufügen und gut durchkneten.

Die Kohlstücke auf zwei mit Backpapier belegten Blechen verteilen. Im vorgeheizten Ofen (Mitte) bei 150° in 15–20 Min. unter Wenden knusprig backen.

Grünkohlchips sind ein gesunder und kalorienarmer Snack. Außerdem eignen sie sich auch prima als Topping für Salate und Suppen. Luftdicht verschlossen aufbewahrt halten sie sich bis zu 2 Wochen.

SALATE, BOWLS & SMOOTHIES

Für 4 Personen • 40 Min. Zubereitung • Pro Portion ca. 365 kcal, 10 g E, 28 g F, 9 g KH

CHINAKOHL-PAPAYA-SALAT MIT ERDNÜSSEN

KNACKIG-FRISCH

FÜR DEN SALAT

½ Chinakohl (ca. 600 g)
500 g Papaya
2 rote Spitzpaprika
4 Frühlingszwiebeln

FÜR DAS DRESSING

1 Stück Ingwer (ca. 2,5 cm lang)
2 EL Erdnusscreme
3 EL Sojasauce
5 EL Limettensaft
6 EL Rapsöl
Salz, Pfeffer

AUSSERDEM

60 g Erdnusskerne (geröstet und gesalzen)
3 Stängel Koriandergrün (nach Belieben)

MEHR DARAUS MACHEN

Für mehr Schärfe 1 kleine Chilischote putzen, entkernen und würfeln. Mit den übrigen Zutaten für das Dressing fein zerkleinern.

SALAT: Chinakohl waschen, putzen, halbieren und quer in Streifen schneiden. Die Papaya längs halbieren, entkernen, schälen und das Fruchtfleisch in 1–2 cm große Würfel schneiden. Die Spitzpaprika waschen, halbieren, weiße Trennwände und Kerne entfernen und die Hälften quer in feine Streifen schneiden. Die Frühlingszwiebeln waschen und putzen. Die weißen und hellgrünen Abschnitte in dünne Ringe schneiden.

DRESSING: Ingwer schälen und klein würfeln. Mit Erdnusscreme, Sojasauce, Limettensaft und 4 EL Wasser im Blitzhacker fein zerkleinern. Das Öl nach und nach zugeben und kurz untermixen. Das Dressing mit Salz und Pfeffer abschmecken.

FERTIGSTELLEN: In einer großen Schüssel die Chinakohl- und Paprikastreifen, Papayawürfel und Frühlingszwiebeln bis auf etwas Zwiebelgrün zum Garnieren mit dem Erdnussdressing gut durchmischen und ca. 15 Min. ziehen lassen.

ANRICHTEN: Inzwischen die Erdnüsse grob hacken. Falls verwendet, Koriandergrün abbrausen, trocken schütteln und die Blätter abzupfen. Den Salat auf Tellern anrichten, mit Erdnüssen, übrigen Frühlingszwiebeln und Koriander bestreut servieren. Dazu passt gegrilltes Hähnchen.

GU
CLOU

Das Kneten von rohem Kohl erfordert etwas Kraft und Mühe. Genauso gut kann man aber auch die mit Salz vermischten Kohlstreifen in einen Gefrierbeutel füllen, verschließen und über Nacht im Kühlschrank durchziehen lassen. So wird der Kohl weicher und bekömmlicher – und man spart beim Vorbereiten Zeit.

Für 4 Personen • 30 Min. Zubereitung • 30 Min. Marinieren • Pro Portion ca. 265 kcal, 10 g E, 23 g F, 11 g KH

ROT-WEISSER COLESLAW MIT BACON

KLASSIKER IM NEUEN GEWAND

FÜR DEN SALAT
300 g Weißkohl
300 g Rotkohl
Salz
200 g Möhren
1 Bund Schnittlauch
Pfeffer

FÜR DAS DRESSING
4 EL Salatmayonnaise
150 g Joghurt
2 TL scharfer Senf
2 EL Zitronensaft
2 EL Weißweinessig

AUSSERDEM
125 g Frühstücksspeck (Bacon)

SALAT: Beide Kohlsorten waschen, putzen, von den Strünken befreien und in feine Streifen schneiden. Die Kohlstreifen in einer Schüssel mit 1 TL Salz mischen und mit den Händen ca. 5 Min. durchkneten. Dabei am besten Einweghandschuhe tragen, da der Rotkohl stark färbt. Die Möhren putzen, schälen, fein raspeln und zum Kohl geben.

DRESSING: Die Mayonnaise mit Joghurt, Senf, Zitronensaft und Essig glatt verrühren, zum Kohl geben und alles gut miteinander vermischen. Den Salat ca. 30 Min. ziehen lassen.

FERTIGSTELLEN: Vor dem Servieren den Schnittlauch abbrausen, trocken schütteln, in feine Röllchen schneiden und unter den Salat heben. Mit Salz und Pfeffer abschmecken.

ANRICHTEN: Eine große Pfanne erhitzen. Die Speckscheiben darin in zwei Portionen nacheinander bei mittlerer Hitze in 3–4 Min. knusprig braten. Dann kurz auf Küchenpapier abtropfen lassen. Den Speck in mundgerechte Stücke teilen. Coleslaw und Speck in Schälchen anrichten und servieren.

Für 4 Personen • 30 Min. Zubereitung • Pro Portion ca. 335 kcal, 12 g E, 29 g F, 5 g KH

KOHLRABI-RUCOLA-CARPACCIO

FRISCH UND WÜRZIG

2 Kohlrabis (à ca. 300 g)
Salz
2 EL Pinienkerne
2 EL Weißweinessig
2 EL Aceto balsamico bianco
Pfeffer
8 EL Olivenöl
1 rote Chilischote
50 g Rucola
60 g Parmaschinken (in dünnen Scheiben)
60 g Parmesan

1 Kohlrabis putzen, schälen, die zarten Blätter beiseitelegen. Die Kohlrabis auf einem Gemüsehobel in sehr dünne Scheiben schneiden. Mit 1 TL Salz bestreuen und ziehen lassen. Inzwischen Pinienkerne in einer kleinen Pfanne goldbraun rösten. Abkühlen lassen.

2 Beide Essige mit etwas Salz und Pfeffer verrühren, das Olivenöl nach und nach unterschlagen. Die Chilischote waschen und halbieren, weiße Trennwände und Kerne entfernen. Das Fruchtfleisch in feine Würfel schneiden und unter das Dressing mischen. Den Rucola verlesen, waschen und trocken schleudern. Den Parmaschinken in grobe Stücke zupfen, den Parmesan in feine Späne hobeln.

3 Die Kohlrabischeiben trocken tupfen und mit dem Rucola auf Tellern anrichten. Mit Dressing beträufeln und mit Schinken und Parmesan belegen. Das Carpaccio mit Pinienkernen bestreuen und mit Kohlrabigrün garniert servieren. Dazu passt Baguette oder Ciabatta.

Für 4 Personen • 30 Min. Zubereitung • 15 Min. Marinieren • Pro Portion ca. 435 kcal, 9 g E, 39 g F, 10 g KH

BLUMENKOHL-TABOULÉ

LOW CARB

1 Blumenkohl (ca. 1,5 kg)
1 Salatgurke
4 Frühlingszwiebeln
2 kleine Avocados
200 g Kirschtomaten
½ Bund Koriandergrün
½ Bund Petersilie
4 EL Zitronensaft
Salz, Pfeffer
1 TL Pul Biber
2 TL Honig (nach Belieben)
75 ml Olivenöl

1 Blumenkohl putzen, waschen und in Röschen teilen, den Strunk schälen. Beides im Blitzhacker portionsweise auf Reiskorngröße zerkleinern. Gurke waschen, putzen, längs halbieren, entkernen und klein würfeln. Frühlingszwiebeln waschen, putzen und in feine Ringe schneiden. Ein paar zum Garnieren beiseitelegen. Avocados halbieren, entkernen, das Fruchtfleisch aus der Schale lösen und ca. 1 cm groß würfeln. Tomaten waschen und vierteln. Kräuter abbrausen, trocken schütteln, die Blätter abzupfen und fein hacken.

2 In einer großen Schüssel den Zitronensaft mit etwas Salz, Pfeffer, Pul Biber und nach Belieben Honig verrühren. Das Olivenöl unterschlagen. Alle vorbereiteten Zutaten zugeben und vorsichtig untermischen. Das Taboulé ca. 15 Min. ziehen lassen, dann auf Tellern oder in Schalen anrichten und mit Frühlingszwiebeln garniert servieren. Dazu passt türkischer Sahnejoghurt.

Für 4 Personen • 35 Min. Zubereitung • Pro Portion ca. 630 kcal, 16 g E, 39 g F, 48 g KH

GRÜNKOHL-ORANGEN-BOWL MIT COUSCOUS

BUNT UND VITAMINREICH

300 ml Gemüsebrühe
200 g Dinkel-Couscous
300 g Grünkohl
4 EL Weißweinessig
Salz, Pfeffer
100 ml Olivenöl
2 Orangen
6 Stängel Minze
100 g Cashewkerne
200 g Sojaghurt
4 EL Granatapfelkerne (aus dem Kühlregal)

GUT ZU WISSEN
Grünkohl ist reich an Vitamin C, K, Antioxidantien, Eisen, Kalzium und Kalium. Um das ganze Vital-Potenzial zu nutzen, sollte man ihn am besten roh essen oder alternativ kurz und schonend garen.

1 Die Brühe in einem Topf aufkochen. Den Couscous zugeben und nach Packungsanweisung garen. Dann mit einer Gabel auflockern und offen auskühlen lassen. Inzwischen den Grünkohl putzen. Die Blätter von den Rippen zupfen, gründlich waschen, abtropfen lassen und fein schneiden. In einer Schüssel mit Essig, etwas Salz, Pfeffer und 3 EL Öl vermischen. Den Kohl mit den Händen 3–5 Min. kneten, bis die Blätter weich sind.

2 Die Orangen mit einem Messer schälen, sodass die weiße Haut vollständig entfernt wird. Die Orangenfilets zwischen den Trennhäuten herausschneiden, dabei die Trennwände ausdrücken und den Saft auffangen. Die Minze abbrausen und trocken schütteln. Die Blätter abzupfen und in feine Streifen schneiden. Orangensaft, Minze und 2 EL Öl unter den Couscous rühren, mit Salz und Pfeffer abschmecken.

3 Die Cashewkerne in einer Pfanne bei mittlerer Hitze goldbraun rösten, dann vom Herd nehmen und abkühlen lassen. 50 g Cashewkerne, das übrige Öl und den Sojaghurt in ein hohes Rührgefäß geben und mit dem Pürierstab fein mixen. Die Cashewcreme mit Salz und Pfeffer würzen.

4 Den Couscous auf Bowls verteilen. Orangenfilets und Grünkohlsalat darauf anrichten und alles mit Cashewcreme beträufeln. Die übrigen Cashewkerne grob hacken, mit den Granatapfelkernen obenauf streuen und die Bowls servieren.

Für 4 Personen • 40 Min. Zubereitung • Pro Portion ca. 365 kcal, 29 g E, 23 g F, 11 g KH

KRAUTSALAT-BOWL MIT GYROS

WÜRZIG UND HERZHAFT

½ Spitzkohl (ca. 600 g)
Salz, Pfeffer
2 EL Apfelessig
5 EL Olivenöl
1 Bund Petersilie
400 g Schweinefilet
1 Knoblauchzehe
1 EL Gyrosgewürz
300 g griechischer Joghurt (10 % Fett)
250 g Champignons
250 g kleine Strauchtomaten
2 EL Kürbiskerne (nach Belieben)

GUT ZU WISSEN

Wer einen empfindlichen Magen hat, ist mit Spitzkohl gut beraten. Er ist der zarteste Vertreter der Kohlfamilie und auch als Rohkost oder im Salat besonders leicht verdaulich.

1 Den Spitzkohl waschen, putzen, halbieren, vom Strunk befreien und in feine Streifen schneiden. Die Kohlstreifen mit etwas Salz, Pfeffer, Essig und 2 EL Öl mischen und ca. 2 Min. durchkneten. Die Petersilie abbrausen, trocken schütteln und die Blätter abzupfen. Die Hälfte davon fein hacken und unter den Spitzkohl mischen, den Rest beiseitelegen.

2 Das Filet trocken tupfen und in feine Scheiben schneiden. Knoblauch schälen und fein würfeln. Das Fleisch mit Gyrosgewürz und Knoblauch vermischen. Den Joghurt mit 1 EL Öl glatt rühren und mit Salz und Pfeffer würzen. Die Pilze putzen, abreiben und in dünne Scheiben schneiden. Die Tomaten waschen, vom Stielansatz befreien und in Spalten schneiden.

3 Das übrige Olivenöl in einer Pfanne erhitzen. Das Fleisch darin bei starker Hitze portionsweise unter häufigem Wenden in 4–5 Min. braun braten, salzen und pfeffern, herausnehmen und abgedeckt warm halten. Die Champignons im verbliebenen Fett in 2–3 Min. unter Wenden anbraten, dann herausnehmen. Den Bratensatz mit 6 EL Wasser ablöschen.

4 Den Spitzkohl auf Bowls verteilen. Fleisch, Champignons und Tomaten darauf anrichten. Alles mit dem gelösten Bratensatz beträufeln. Den Joghurt-Dip darauf verteilen. Die Bowls mit Petersilie und nach Belieben mit grob gehackten Kürbiskernen bestreut servieren. Dazu passt frisches Fladenbrot.

Für 4 Gläser (à 250 ml) • 15 Min. Zubereitung • Pro Portion ca. 50 kcal, 1 g E, 0 g F, 10 g KH

GRÜNKOHL-MANGO-SHOT

WINTER-REZEPT

100 g Grünkohl • 1 reife Mango • ½ Salatgurke (ca. 200 g) • 3 Datteln (z. B. Medjoul) • 1 Stück Ingwer (ca. 1,5 cm lang) • 400 ml stilles Mineralwasser

1 Grünkohl putzen, die Blätter von den Rippen streifen, waschen und grob schneiden. Mango schälen, das Fruchtfleisch vom Stein schneiden und würfeln. Die Gurke waschen, putzen und würfeln. Datteln aufschneiden, entkernen und klein schneiden. Ingwer schälen und fein würfeln.

2 Erst Grünkohl, dann Mango, Gurke, Datteln und Ingwer in den Mixer geben. Mit 350 ml Wasser zunächst auf kleiner, dann auf höchster Stufe pürieren. Falls der Smoothie zu dickflüssig sein sollte, noch etwas Wasser untermixen, bis er eine flüssig-cremige Konsistenz hat. Sofort servieren.

Für 4 Gläser (à 250 ml) • 15 Min. Zubereitung • Pro Portion ca. 125 kcal, 3 g E, 1 g F, 26 g KH

ROTKOHL-ORANGEN-SMOOTHIE

VITAMINBOMBE

200 g Rotkohl • 2 Orangen • 1 große Banane • 3 getrocknete Soft-Feigen • 3 EL Zitronensaft • 300 ml Trinkmolke • 1 Msp. Zimtpulver

1 Den Rotkohl putzen, waschen, vom Strunk befreien und klein schneiden. Die Orangen schälen und in grobe Stücke schneiden. Die Banane schälen und ebenfalls grob schneiden. Feigen waschen und klein schneiden.

2 Rotkohl, Orangen, Banane und Feigen mit dem Zitronensaft in den Mixer geben. Mit der Molke aufgießen und alles zunächst auf kleiner, dann auf höchster Stufe cremig-fein pürieren.

3 Den Zimt und bei Bedarf noch 2–3 EL Wasser in den Mixer geben und kurz untermixen. Den Smoothie sofort servieren.

*Für 4 Gläser (à 250 ml) • 15 Min. Zubereitung •
Pro Portion ca. 75 kcal, 1 g E, 2 g F, 11 g KH*

KOHLRABI-GREENIE

FRUCHTIG

½ junger Kohlrabi mit Blättern (ca. 200 g) • 1 Apfel (z. B. Elstar) • 1 reife Birne (z. B. Gute Luise) • 3 TL helles Mandelmus • 2 EL Zitronensaft • 300 ml stilles Mineralwasser • 1 EL flüssiger Honig

1 Vom Kohlrabi die Blätter ablösen, waschen und grob schneiden. Den Kohlrabi putzen, schälen und würfeln. Apfel und Birne waschen, vierteln, entkernen und in grobe Stücke schneiden.

2 Kohlrabiblätter, Kohlrabi-, Apfel- und Birnenstücke mit Mandelmus und Zitronensaft in den Mixer geben. Dann das Wasser zugießen und den Smoothie zunächst auf kleiner, anschließend auf höchster Stufe glatt und cremig pürieren.

3 Den Honig zugeben und kurz untermixen. Den Smoothie sofort servieren.

*Für 4 Gläser (à 250 ml) • 15 Min. Zubereitung •
Pro Portion ca. 150 kcal, 2 g E, 10 g F, 13 g KH*

PAK-CHOI-ANANAS-MIX

SOMMER-REZEPT

200 g Baby-Pak-Choi • 250 g Ananas • 1 kleine Avocado • 4 EL Limettensaft • 2 EL Agavendicksaft • 1 Dose Kokosmilch (200 g) • 300 ml stilles Mineralwasser

1 Pak Choi putzen, waschen und vom Strunk befreien. Blätter und weiße Stiele grob klein schneiden. Ananas schälen, den Strunk herausschneiden und das Fruchtfleisch würfeln. Die Avocado halbieren, entkernen und das Fruchtfleisch mit einem Löffel aus der Schale lösen.

2 Pak Choi, Ananas und Avocado mit dem Limetten- und Agavendicksaft in den Mixer geben. Dann Kokosmilch und Wasser zugießen. Alle Zutaten zunächst auf kleiner, anschließend auf höchster Stufe cremig-fein pürieren. Den Smoothie sofort servieren.

Für 4 Personen • 45 Min. Zubereitung • Pro Portion ca. 410 kcal, 18 g E, 26 g F, 22 g KH

OFENGEMÜSESALAT MIT FETA

LIEBLINGS-WINTER-REZEPT

500 g Rosenkohl
400 g Rote Bete
400 g Möhren
1 Kohlrabi
1 ½ EL Speisestärke
6 EL Olivenöl
Pfeffer
2 EL Pinienkerne
100 g Baby-Blattspinat
Salz
4 EL Aceto balsamico
200 g Feta

1 Den Backofen auf 220° vorheizen. Rosenkohl waschen, putzen und größere Exemplare halbieren. Die Rote Beten putzen, schälen und in ca. 2 cm große Würfel schneiden. Dabei am besten Einweghandschuhe tragen, da die Rote Beten stark färben. Die Möhren und den Kohlrabi putzen, schälen und ebenfalls in grobe Würfel schneiden.

2 Das Gemüse auf einem Backblech verteilen und gleichmäßig mit Stärke bestäuben. Dann mit 4 EL Öl beträufeln und mit Pfeffer würzen. Das Gemüse im heißen Ofen (Mitte) ca. 30 Min. backen. Nach 20 Min. die Pinienkerne darüberstreuen.

3 Inzwischen den Spinat verlesen, waschen und trocken schütteln, grobe Stiele entfernen. Das Gemüse aus dem Ofen nehmen und ca. 10 Min. ruhen lassen. Dann den Spinat unterheben und alles mit Salz und Pfeffer würzen.

4 Den Ofengemüsesalat auf einer Platte anrichten und mit dem Essig und dem übrigen Öl beträufeln. Den Feta zerbröseln und darüberstreuen. Den Salat lauwarm servieren. Dazu passt Sesamfladenbrot oder Ciabatta.

GU **CLOU**

Damit Ofengemüse leicht knusprig wird, sollte Speisestärke als Zutat nicht fehlen: Sie saugt das austretende Wasser auf und die trockene Gemüseoberfläche wird gebräunt. Deswegen auch erst am Ende salzen, denn Salz entzieht dem Gemüse Wasser.

KLEINE GERICHTE & BEILAGEN

Für 4 Personen • 45 Min. Zubereitung • Pro Portion ca. 470 kcal, 12 g E, 34 g F, 29 g KH

KOHLRABI-PÄCKCHEN MIT DIP

ÜBERRASCHEND RAFFINIERT

FÜR DIE KOHLRABI-PÄCKCHEN

4 Kohlrabis (ca. 1 kg)
2 Schalotten
2 Knoblauchzehen
6 Stängel Thymian
2 EL flüssiger Honig
Salz, Pfeffer
9 EL Olivenöl
2 Scheiben Graubrot

FÜR DEN DIP

150 g Ziegenfrischkäse
3 EL Sahne
½ Bund Schnittlauch
Salz, Pfeffer

AUSSERDEM

Küchengarn

KOHLRABI-PÄCKCHEN: Den Backofen auf 200° vorheizen. Die Kohlrabis putzen und schälen. Die zarten Blätter abschneiden, abbrausen und beiseitelegen. Die Knollen halbieren und in ca. 1 cm breite Spalten schneiden. Schalotten und Knoblauch schälen und fein würfeln. Den Thymian abbrausen, trocken schütteln und die Blättchen abstreifen. Schalotten, Knoblauch und Thymian mit dem Honig, etwas Salz, Pfeffer und 8 EL Öl in einer kleinen Schüssel gründlich verrühren.

Die Kohlrabispalten in 4 Portionen mittig auf vier Bögen Backpapier (à 40 × 50 cm) verteilen und gleichmäßig mit Marinade beträufeln. Das Papier über dem Gemüse zusammenfalten und die Enden mit Küchengarn gut zusammenbinden. Die Kohlrabi-Päckchen nebeneinander auf ein Backblech legen. Im heißen Ofen (unten) 30–35 Min. backen.

DIP: Inzwischen Ziegenfrischkäse und Sahne glatt rühren. Schnittlauch abbrausen, trocken schütteln, in Röllchen schneiden und unterrühren. Mit Salz und Pfeffer abschmecken.

FERTIGSTELLEN: Das Brot klein würfeln, dann in einer Pfanne im übrigen heißen Öl unter Wenden in 3–4 Min. goldbraun rösten. Die Croûtons auf Küchenpapier abtropfen lassen. Die beiseitegelegten Kohlrabiblätter grob klein schneiden. Die Kohlrabi-Päckchen auf Teller verteilen und mit den Croûtons und dem Kohlrabigrün bestreuen. Mit Dip servieren.

GU CLOU

Bitte nicht wegwerfen! Die frisch-würzigen Kohlrabiblätter sind restlos verwertbar und werten viele Gerichte mit reichlich Vitamin C und Magnesium auf: Die kleinen Blätter über Gemüse, Salate oder in Smoothies streuen, die großen wie Spinat dünsten.

Für 4 Personen • 45 Min. Zubereitung • Pro Portion ca. 410 kcal, 18 g E, 23 g F, 29 g KH

RÖST-BLUMENKOHL

ORIENTALISCH-WÜRZIG

1 Blumenkohl (ca. 1,2 kg)
5 EL Olivenöl
2 TL Harissa (scharfe Würzpaste)
Salz
1 Knoblauchzehe
150 g rote Linsen
1 TL gemahlener Kreuzkümmel
3 EL Tahin (Sesampaste)
Pfeffer
4 EL Zitronensaft
½ Bund Koriandergrün
300 g Kirschtomaten

1 Den Backofen auf 220° vorheizen. Blumenkohl waschen, putzen, in Röschen teilen und in 1 cm dicke Scheiben schneiden. Mit 3 EL Öl, Harissa und Salz mischen, auf einem mit Backpapier belegten Blech verteilen und im heißen Ofen (Mitte) ca. 20 Min. rösten.

2 Inzwischen Knoblauch schälen und halbieren. Mit den Linsen in kochendem Salzwasser in 10–12 Min. weich garen. Abgießen, abtropfen und kurz abkühlen lassen. Linsen, Knoblauch, Kreuzkümmel und Tahin fein pürieren. Mit Salz, Pfeffer und 2 EL Zitronensaft abschmecken. Das übrige Öl unterrühren.

3 Den Blumenkohl mit dem restlichen Zitronensaft beträufeln. Koriander abbrausen, trocken schütteln und die Blätter grob schneiden. Tomaten waschen und halbieren. Blumenkohl und Tomaten mischen und warm (oder kalt) mit dem Hummus anrichten. Mit Koriander bestreut servieren. Dazu passt Sesamfladenbrot.

Für 4 Personen • 40 Min. Zubereitung • Pro Portion ca. 420 kcal, 13 g E, 34 g F, 15 g KH

GEGRILLTER SPITZKOHL

LOW CARB

125 g Radieschen
100 g Cornichons
½ Bio-Zitrone
300 g griechischer Joghurt (10 % Fett)
100 g Salatmayonnaise
Salz, Pfeffer
1 Beet Kresse
2 Eier (M)
4 kleine Spitzkohle (à ca. 350 g)
4 EL Olivenöl

1 Die Radieschen waschen und putzen. Cornichons abtropfen lassen. Beides würfeln. Die Zitronenhälfte heiß waschen, trocknen und 1 TL Schale abreiben. Abrieb, Joghurt und Mayonnaise verrühren, salzen und pfeffern. Radieschen und Cornichons untermischen. Kresse abbrausen, vom Beet schneiden und die Hälfte unter die Remoulade mischen. Eier in 8–10 Min. hart kochen und abschrecken.

2 Den Backofengrill vorheizen. Die Spitzkohle waschen, putzen und längs halbieren. Mit Olivenöl bestreichen und mit Salz und Pfeffer würzen. Die Spitzkohlhälften auf dem Rost unter dem heißen Backofengrill (mit ca. 20 cm Abstand) oder in einer stark erhitzten Grillpfanne auf jeder Seite 4–6 Min. grillen.

3 Inzwischen die Eier pellen und fein hacken. Den gegrillten Spitzkohl mit der Remoulade auf Tellern anrichten. Mit gehacktem Ei und der restlichen Kresse bestreut servieren.

Für 4 Personen • 25 Min. Zubereitung • Pro Portion ca. 305 kcal, 16 g E, 17 g F, 21 g KH

WIRSING-RÜHREI MIT SPECK

LECKERER SNACK

250 g Wirsing
Salz
4 Eier (M)
4 EL Milch
Pfeffer
frisch geriebene Muskatnuss
1 Bund Schnittlauch
100 g roher Räucherspeck
2 TL Butter
4 große Scheiben Vollkornbrot

1 Den Wirsing waschen, putzen und in mundgerechte Stücke schneiden. In einem Topf mit 200 ml Salzwasser bei mittlerer Hitze zugedeckt 3–4 Min. dünsten, ab und zu umrühren. Den Wirsing herausnehmen und in einem Sieb abtropfen lassen.

2 Inzwischen Eier und Milch verquirlen, mit Salz, Pfeffer und Muskat würzen. Den Schnittlauch abbrausen, trocken schütteln und in feine Röllchen schneiden. Die Hälfte unter die Eiermasse rühren. Den Speck klein würfeln und in einer Pfanne mit der Butter bei mittlerer Hitze 4–5 Min. anbraten. Wirsing zugeben und ca. 1 Min. mitbraten. Die Eiermischung zugießen und 1–2 Min. bei geringer Hitze stocken lassen. Dann das Rührei mit einem Pfannenwender von außen nach innen schieben und weitergaren, bis es cremig ist.

3 Das Wirsing-Rührei mit dem Vollkornbrot anrichten. Mit dem übrigen Schnittlauch bestreuen und sofort servieren.

Für 4 Personen • 40 Min. Zubereitung • Pro Portion ca. 320 kcal, 6 g E, 25 g F, 15 g KH

ROTKOHLSUPPE MIT GREMOLATA

FÜR WEIHNACHTEN

500 g Rotkohl
250 g vorwiegend festkochende Kartoffeln
1 rote Zwiebel
3 EL Olivenöl
800 ml Gemüsebrühe
Salz, Pfeffer
½ Bio-Orange
½ Bund Petersilie
40 g Pistazienkerne (geröstet und gesalzen)
200 g Schmand
2 EL Orangen-Balsamicoessig (ersatzweise Aceto balsamico bianco)

1 Den Rotkohl waschen und putzen. Dann vom Strunk befreien und quer in ca. 5 mm breite Streifen schneiden. Kartoffeln schälen und grob würfeln. Die Zwiebel schälen und fein würfeln. Das Öl in einem großen Topf erhitzen, die Zwiebel darin bei mittlerer Hitze glasig dünsten. Den Rotkohl und die Kartoffeln zugeben und 2–3 Min. mitdünsten. Alles mit Brühe auffüllen, salzen und pfeffern, aufkochen und zugedeckt bei mittlerer Hitze in ca. 25 Min. garen.

2 Inzwischen die Orangenhälfte heiß waschen und trocknen. Mit einem Sparschäler die Schale dünn abschälen und fein schneiden. Die Petersilie waschen, trocken schütteln und die Blätter hacken. Pistazien hacken und mit Orangenschale und Petersilie mischen.

3 Die Suppe fein pürieren, mit 100 g Schmand verrühren und mit Salz, Pfeffer und Essig abschmecken. Auf vorgewärmte Teller verteilen und mit je 1 Klecks Schmand und Orangen-Gremolata anrichten.

Für 4 Personen • 30 Min. Zubereitung • Pro Portion ca. 310 kcal, 12 g E, 22 g F, 13 g KH

GRÜNE KOHLGEMÜSE-PFANNE

MIT EXTRA CRUNCH

600 g Baby-Pak-Choi
2 Kohlrabis (à ca. 300 g)
500 g Brokkoli
2 rote Zwiebeln
4 EL Olivenöl
125 ml Gemüsebrühe
4 EL Sojasauce
1 TL Ras el Hanout
80 g Rauchmandeln (ersatzweise Mandeln)
½ Bund Koriandergrün
Salz, Pfeffer

DAZU PASST

Mit Sesamreis als Beilage wird die Gemüsepfanne zu einem sättigenden Veggie-Gericht. Dafür 1 EL Sesam in 1 EL Öl goldbraun rösten. 200 g Basmati-Reis zugeben und kurz andünsten. 550 ml kochendes Wasser zufügen, salzen und den Basmati-Reis zugedeckt bei niedriger Temperatur ca. 15 Min. quellen lassen.

1 Den Baby-Pak-Choi putzen, waschen, trocken schütteln und die Stiele von den Blättern trennen. Die Blätter in 2–3 cm breite Streifen, die Stiele in 2–3 cm große Stücke schneiden. Die Kohlrabis putzen, schälen und in ca. 1 cm große Würfel schneiden. Den Brokkoli waschen, putzen und in Röschen teilen. Die Stiele schälen und klein würfeln. Die Zwiebeln schälen, halbieren und in dünne Scheiben schneiden.

2 In einer großen Pfanne mit hohem Rand oder in einem weiten Topf das Olivenöl erhitzen. Kohlrabis und Zwiebeln darin bei mittlerer Hitze ca. 3 Min. braten. Die Pak-Choi-Stiele und den Brokkoli zugeben und ca. 3 Min. mitbraten. Dann die Gemüsebrühe angießen, Sojasauce und Ras el Hanout untermischen und alles zugedeckt bei mittlerer Hitze ca. 5 Min. dünsten. Die Pak-Choi-Blätter anschließend unterheben und zugedeckt in 2–3 Min. zusammenfallen lassen.

3 Inzwischen die Rauchmandeln grob hacken. Das Koriandergrün abbrausen, trocken schütteln und die Blätter abzupfen. Die Gemüsepfanne mit Salz und Pfeffer abschmecken und mit Mandeln und Koriander bestreut servieren.

Für 4 Personen • 45 Min. Zubereitung • Pro Portion ca. 235 kcal, 4 g E, 11 g F, 22 g KH

JOHANNISBEER-BLAUKRAUT

KLASSISCHE BEILAGE

1 kg Rotkohl
3 rote Zwiebeln
40 g Butterschmalz
1 EL Zucker
150 ml trockener Rotwein
3 EL Rotweinessig
6 EL Gemüsebrühe
2 Lorbeerblätter
4 Gewürznelken
Salz, Pfeffer
60 g schwarzes Johannisbeergelee

1 Den Rotkohl putzen, vierteln und den Strunk herausschneiden. Den Kohl quer in dünne Streifen schneiden. Zwiebeln schälen, halbieren und ebenfalls in feine Streifen schneiden oder klein würfeln.

2 Das Butterschmalz in einem breiten Topf erhitzen, die Zwiebeln darin bei mittlerer Hitze 2–3 Min. dünsten. Den Rotkohl mit dem Zucker zugeben und unter Rühren ca. 4 Min. mitdünsten. Mit Rotwein, Essig und Brühe ablöschen. Lorbeer und Nelken zufügen, den Rotkohl mit Salz und Pfeffer würzen und zugedeckt bei niedriger Hitze 25–30 Min. garen, dabei gelegentlich umrühren.

3 Das Johannisbeergelee unterrühren. Den Rotkohl bei Bedarf mit Salz und Pfeffer nachwürzen. Dazu passen gebratene Entenbrust oder Gänsekeulen und Kartoffelknödel.

Für 4 Personen • 40 Min. Zubereitung • Pro Portion ca. 295 kcal, 11 g E, 22 g F, 12 g KH

PILZ-RAHM-WIRSING

FÜR GÄSTE

800 g Wirsing
200 g Champignons
200 g kleine Kräuterseitlinge
2 Zwiebeln
4 EL Olivenöl
1 TL gemahlener Koriander
1 TL Kümmel
Salz, Pfeffer
300 g Sahne
8 Stängel Petersilie
½ Bio-Zitrone

1 Den Wirsing waschen, putzen, halbieren und den Strunk herausschneiden. Den Kohl in fingerbreite Streifen schneiden. Pilze putzen, abreiben und halbieren oder vierteln. Zwiebeln schälen und würfeln.

2 Das Olivenöl in einem großen, weiten Topf erhitzen. Die Zwiebeln darin bei mittlerer Hitze glasig braten. Wirsing und Pilze zugeben und ca. 5 Min. mitdünsten. Das Gemüse mit Koriander, Kümmel, Salz und Pfeffer würzen und 1 Min. weiterdünsten. Alles mit der Sahne ablöschen und zugedeckt bei niedriger bis mittlerer Hitze unter gelegentlichem Rühren 10–15 Min. schmoren.

3 Die Petersilie abbrausen, trocken schütteln fein hacken. Die Zitronenhälfte heiß waschen, trocknen und 1 TL Schale abreiben. Den Pilz-Rahm-Wirsing mit Zitronenabrieb, Salz und Pfeffer abschmecken, mit der Petersilie bestreuen und servieren. Dazu passen Wild, z. B. Reh- oder Hirschkeule, und Kartoffelpüree.

Für 4 Personen • 40 Min. Zubereitung • Pro Portion ca. 560 kcal, 15 g E, 36 g F, 44 g KH

STAMPF MIT ROSENKOHL

SEELENFUTTER

1,2 kg mehligkochende Kartoffeln
Salz
750 g Rosenkohl
2 Schalotten
2 EL Olivenöl
125 ml Gemüsebrühe
½ Bio-Zitrone
250 g Mascarpone
Pfeffer
frisch geriebene Muskatnuss

1 Die Kartoffeln schälen, waschen und würfeln. In einem Topf mit Salzwasser zugedeckt bei mittlerer Hitze in ca. 15 Min. weich garen.

2 Inzwischen den Rosenkohl waschen, putzen und vierteln. Die Schalotten schälen und fein würfeln. Das Olivenöl in einer Pfanne erhitzen und die Schalotten darin bei mittlerer Hitze glasig dünsten. Den Rosenkohl zugeben, ca. 2 Min. mitdünsten und mit der Brühe ablöschen. Zugedeckt bei geringer Hitze ca. 10 Min. garen.

3 Die Zitronenhälfte heiß waschen und trocknen. 1 TL Schale fein abreiben und 1 EL Zitronensaft auspressen. Die Kartoffeln abgießen und kurz ausdampfen lassen. Den Mascarpone zugeben und die Kartoffeln zu Stampf verarbeiten. Die Rosenkohlmischung locker unterheben. Alles mit Salz, Pfeffer, Muskat, Zitronensaft und -abrieb abschmecken und servieren. Dazu passt gebratener Fisch, z. B. Kabeljau oder Lachs, oder auch Frikadellen.

Für 4 Personen • 40 Min. Zubereitung • Pro Portion ca. 365 kcal, 7 g E, 22 g F, 35 g KH

BLUMENKOHL-PÜREE

PÜREE MAL ANDERS

1 kg Blumenkohl
500 g Süßkartoffeln
Salz
1 rote Peperoni
150 g Sahne
50 g Butter
Pfeffer
½ Bund Koriandergrün
4 EL Röstzwiebeln (Fertigprodukt)

1 Den Blumenkohl waschen, putzen und in kleine Röschen schneiden (ergibt ca. 600 g). Die Süßkartoffeln schälen und grob würfeln. Beides in einen Topf mit kochendem Salzwasser geben und zugedeckt bei mittlerer Hitze in 12–15 Min. weich garen.

2 Inzwischen die Peperoni waschen, halbieren, weiße Trennwände und Kerne entfernen und Fruchtfleisch in feine Würfel schneiden. Die Sahne in einem kleinen Topf erwärmen. Die Blumenkohl-Süßkartoffel-Mischung abgießen und gut ausdampfen lassen. Die Butter zugeben und alles fein zerstampfen. Die warme Sahne unter Rühren in das Püree geben. Mit Salz und Pfeffer würzen.

3 Koriander abbrausen, trocken schütteln und die Blätter bis auf ein paar zum Garnieren grob hacken. Koriander und Peperoni unter das Püree heben. Mit Röstzwiebeln bestreut und mit Koriander garniert servieren. Dazu passen Halloumi, Tofu oder Hähnchenbrustfilet.

HAUPTSACHEN FÜR JEDEN TAG

Für 4 Personen • 50 Min. Zubereitung • Pro Portion ca. 890 kcal, 20 g E, 55 g F, 80 g KH

PAPRIKA-SPAGHETTI MIT GRÜNKOHL-PESTO

PASTAGENUSS

FÜR DAS PESTO
400 g Grünkohl
Salz
80 g geschälte Mandeln
2 Knoblauchzehen
80 g Parmesan
150 ml Olivenöl
Pfeffer

FÜR DIE PAPRIKA-SPAGHETTI
300 g Spaghetti
Salz
1 große rote Paprika
1 große gelbe Paprika
1 rote Zwiebel
4 EL Olivenöl
200 g geschälte, gekochte Maronen (vakuumverpackt)
Pfeffer

GUT ZU WISSEN
Beim Kauf von Grünkohl sollte man auf knackfrische und dunkelgrüne Blätter achten. Im Kühlschrank hält er sich bis zu 5 Tage. Gezupft und kurz blanchiert lässt er sich auch prima einfrieren.

PESTO: Den Grünkohl putzen und die Blätter von den Rippen streifen. Die Grünkohlblätter waschen und ca. 2 Min. in kochendem Salzwasser blanchieren. Abgießen, kalt abschrecken und abtropfen lassen. Die Hälfte vom Grünkohl für die Pasta beiseitelegen. Die Mandeln hacken und in einer Pfanne bei mittlerer Hitze hellbraun rösten. Abkühlen lassen.

Knoblauch schälen und würfeln. Parmesan fein reiben, 2 EL zum Garnieren beiseitelegen. Grünkohl, Knoblauch, Mandeln und Olivenöl im Blitzhacker fein pürieren. Den Käse untermischen und das Pesto mit Salz und Pfeffer würzen.

PAPRIKA-SPAGHETTI: Die Nudeln nach Packungsanweisung in kochendem Salzwasser bissfest garen. Dann in einem Sieb abtropfen lassen, dabei 250 ml Kochwasser auffangen.

Inzwischen die Paprika waschen, halbieren, weiße Trennwände und Kerne entfernen und die Hälften ca. 2 cm groß würfeln. Zwiebel schälen und fein hacken. In einer großen Pfanne mit hohem Rand oder einem breiten Topf das Öl erhitzen. Paprika, Zwiebel und Maronen darin unter Rühren bei mittlerer Hitze ca. 5 Min. braten. Mit Salz und Pfeffer würzen.

FERTIGSTELLEN: Spaghetti, beiseitegelegten Grünkohl, zwei Drittel vom Pesto und das aufgefangene Kochwasser zugeben und alles sofort gut vermischen und sämig einkochen lassen. Die Nudeln auf vorgewärmten Tellern anrichten und mit dem übrigen Pesto und Parmesan servieren.

Für 4 Personen • 45 Min. Zubereitung • Pro Portion ca. 905 kcal, 26 g E, 55 g F, 73 g KH

WIRSING-PASTA MIT NÜSSEN

HERBST-REZEPT

600 g Wirsing
350 g Tagliatelle
Salz
2 Zwiebeln
2 Knoblauchzehen
2 EL Olivenöl
250 ml Gemüsebrühe
250 g Mascarpone
8 Stängel Thymian
80 g italienischer Hartkäse (z. B. Grana Padano)
Pfeffer
80 g Walnusskerne
1 Handvoll Basilikumblätter (nach Belieben)

1 Den Wirsing waschen und putzen. Dann vom Strunk befreien und in ca. 1 cm breite Streifen schneiden. Die Tagliatelle nach Packungsanweisung in einem großen Topf mit kochendem Salzwasser bissfest garen, ca. 2 Min. vor Ende der Garzeit die Wirsingstreifen zugeben.

2 Inzwischen Zwiebeln und Knoblauch schälen und würfeln. Beides im Öl in einer großen Pfanne bei mittlerer Hitze glasig dünsten. Die Brühe zugießen, aufkochen und in ca. 5 Min. um die Hälfte einkochen lassen. Mascarpone einrühren und weitere 5 Min. offen einkochen.

3 Thymian abbrausen und die Blättchen abzupfen. Den Käse fein reiben. Die Nudelmischung abgießen, dabei 250 ml Kochwasser auffangen. Thymian, Kochwasser und die Hälfte vom Käse zur Sauce geben, salzen und pfeffern. Die Nudelmischung zufügen und 2–3 Min. köcheln lassen. Nüsse hacken und mit dem übrigen Käse über die Pasta streuen. Nach Belieben mit Basilikum garniert servieren.

Für 4 Personen • 30 Min. Zubereitung • Pro Portion ca. 520 kcal, 21 g E, 18 g F, 67 g KH

BROKKOLI-GNOCCHI

DEFTIG UND WÜRZIG

600 g Brokkoli
2 gelbe Paprika
2 rote Chilischoten
1 Zwiebel
1 Knoblauchzehe
600 g Gnocchi (Kühlregal)
4 EL Olivenöl
500 g passierte Tomaten (Tetrapak)
200 ml Gemüsebrühe
Salz, Pfeffer
100 g Parmesan (am Stück)
1 Handvoll Basilikumblätter (nach Belieben)

1 Brokkoli waschen, putzen und in Röschen schneiden. Stiele schälen und 1 cm groß würfeln. Paprika und Chili waschen, halbieren, weiße Trennwände und Kerne entfernen. Paprika 1,5 cm groß würfeln, Chili fein hacken. Zwiebel und Knoblauch schälen und fein würfeln.

2 Die Gnocchi in einer großen Pfanne in 2 EL Öl ca. 5 Min. braten. Herausnehmen und warm stellen. Das übrige Öl erhitzen, Zwiebel, Knoblauch und Chili darin ca. 2 Min. dünsten. Brokkoli und Paprika zugeben und ca. 3 Min. unter gelegentlichem Wenden mitdünsten. Tomaten und Brühe zufügen. Alles aufkochen, salzen, pfeffern und bei geringer Hitze zugedeckt 7–8 Min. köcheln lassen.

3 Die Gnocchi untermischen, mit Salz und Pfeffer abschmecken und bei geringer Hitze zugedeckt 3 Min. ziehen lassen. Den Parmesan mit einem Sparschäler in Späne hobeln. Die Brokkoli-Gnocchi mit Parmesan und nach Belieben mit Basilikum bestreut servieren.

Für 4 Personen • 45 Min. Zubereitung • Pro Portion ca. 305 kcal, 15 g E, 7 g F, 44 g KH

ROSENKOHL-KOKOS-CURRY MIT EDAMAME

WÄRMENDES SEELENFUTTER

750 g Rosenkohl
400 g vorwiegend festkochende Kartoffeln
2 Knoblauchzehen
1 Stück Ingwer (ca. 2 cm lang)
1 EL Kokosöl
2 EL rote Thai-Currypaste
350 ml Gemüsebrühe
1 Dose Kokosmilch (400 g)
2 Stangen Lauch (ca. 400 g)
300 g geschälte TK-Edamame (grüne Sojabohnenkerne)
Salz, Pfeffer
½ Bund Koriandergrün (nach Belieben)

GUT ZU WISSEN
Wie Grünkohl schmeckt auch Rosenkohl am besten, wenn er Frost bekommen hat. Dadurch steigt der Zuckergehalt, der leicht bittere Geschmack wird gemildert und die Zellstruktur lockerer. Das macht die Röschen bekömmlicher.

1 Den Rosenkohl waschen, putzen und halbieren. Die Kartoffeln schälen, waschen und in ca. 1 cm große Würfel schneiden. Knoblauch und Ingwer schälen und fein würfeln.

2 Das Kokosöl in einem breiten Topf erhitzen. Den Rosenkohl und die Kartoffeln zugeben und ca. 3 Min. bei mittlerer Hitze unter Wenden anbraten. Den Knoblauch und Ingwer zufügen und ca. 2 Min. mitbraten. Die Currypaste einrühren und kurz anrösten. Alles mit Brühe und Kokosmilch auffüllen und aufkochen. Dann das Curry zugedeckt bei geringer Hitze ca. 10 Min. köcheln lassen, dabei gelegentlich umrühren.

3 Inzwischen Lauch putzen, gründlich waschen und schräg in ca. 2 cm breite Scheiben schneiden. Den Lauch mit den gefrorenen Edamame in das Curry geben. Alles erneut aufkochen und weitere 5 Min. zugedeckt bei geringer Hitze garen.

4 Das Rosenkohl-Kokos-Curry mit Salz und Pfeffer abschmecken. Falls verwendet, den Koriander abbrausen und trocken schütteln. Die Blätter abzupfen und vor dem Servieren über das Curry streuen. Dazu passt Basmati-Reis.

Für 4 Personen • 30 Min. Zubereitung • Pro Portion ca. 445 kcal, 36 g E, 20 g F, 19 g KH

KOHL-HÄHNCHEN-WOK

ASIA STYLE

600 g Weißkohl
4 Möhren
1 Bund Frühlingszwiebeln
4 EL Cashewkerne (geröstet und gesalzen)
1 Stück Ingwer (ca. 4 cm lang)
100 ml Teriyaki-Sauce
500 g Hähnchenbrustfilet
6 EL Erdnussöl
200 ml Gemüsebrühe
½ TL Chiliflocken
Salz, Pfeffer

1 Kohl waschen, putzen und in Streifen schneiden. Möhren schälen, längs halbieren und schräg in dünne Scheiben schneiden. Frühlingszwiebeln waschen, putzen und weiße und grüne Teile getrennt in Scheiben schneiden. Cashews grob hacken. Ingwer schälen, hacken und mit der Sauce mischen. Das Fleisch ca. 3 cm groß würfeln.

2 In einem Wok 4 EL Erdnussöl erhitzen. Kohl, Möhren und weiße Zwiebeln darin unter Wenden bei starker Hitze ca. 3 Min. anbraten. Alles mit Ingwer-Teriyaki-Sauce und Gemüsebrühe ablöschen und zugedeckt ca. 7 Min. bei mittlerer Hitze schmoren.

3 In einer großen Pfanne das übrige Öl erhitzen. Fleisch darin bei starker Hitze in 5–6 Min. hellbraun braten. Zum Gemüse geben, 2–3 Min. mitköcheln und mit Chiliflocken, Salz und Pfeffer würzen. Kohl-Hähnchen-Wok auf Tellern anrichten, mit Zwiebelgrün und Cashews bestreut servieren. Dazu passt Patna-Reis.

Für 4 Personen • 45 Min. Zubereitung • Pro Portion ca. 750 kcal, 37 g E, 33 g F, 67 g KH

SPITZKOHL-RISOTTO MIT LACHS

FÜR GÄSTE

1,2 l Gemüsebrühe
2 Zwiebeln
80 g italienischer Hartkäse (z. B. Grana Padano)
800 g Spitzkohl
5 EL Olivenöl
300 g Risotto-Reis
100 ml trockener Weißwein
200 g TK-Erbsen
Salz, Pfeffer
400 g Lachsfilet (ohne Haut)
12 Basilikumblätter

1 Die Gemüsebrühe erhitzen. Die Zwiebeln schälen und in feine Würfel schneiden. Den Käse reiben. Den Spitzkohl waschen, putzen, längs vierteln und quer in dünne Streifen schneiden.

2 Zwiebeln in einem Topf in 3 EL Öl glasig dünsten. Reis kurz mitdünsten. Mit Wein ablöschen und unter Rühren verdampfen lassen. So viel Brühe zugießen, dass der Reis bedeckt ist. Offen unter häufigem Rühren 15–18 Min. garen, dabei immer wieder etwas heiße Brühe nachgießen. Nach 10 Min. Garzeit den Kohl zufügen. Erbsen untermischen, ca. 5 Min. mitgaren. Den Käse unterrühren, Risotto mit Salz und Pfeffer abschmecken und zugedeckt warm halten.

3 Inzwischen das Lachsfilet salzen, pfeffern und im übrigen Öl in einer Pfanne bei mittlerer bis starker Hitze ca. 5 Min. braten. Basilikum abbrausen und grob zerzupfen. Den Lachs in grobe Stücke teilen, auf dem Risotto anrichten und mit Basilikum bestreut servieren.

Für 4 Personen • 1 Std. Zubereitung • Pro Portion ca. 615 kcal, 39 g E, 41 g F, 20 g KH

RINDFLEISCH-BORSCHTSCH MIT APFEL-SCHMAND

KLASSIKER

600 g Rindfleisch (aus der Hüfte)
2 EL Rapsöl
Salz, Pfeffer
2 rote Zwiebeln
1,2 l Fleischbrühe
400 g Weißkohl
400 g Rote Bete
300 g Möhren
1 säuerlicher Apfel
1 Bund Dill
200 g Schmand

GUT ZU WISSEN
Für das Nationalgericht aus der Ukraine gibt es viele Varianten, immer aber gehört Rote Bete in den Eintopf. Im Winter wird Borschtsch in der Regel mit Wurzelgemüse und Fleisch zubereitet. Im Sommer serviert man ihn auch gerne kalt – zum Beispiel als leichte vegetarische Suppe.

1 Das Fleisch in 2 cm große Würfel schneiden. Das Öl in einem weiten Topf erhitzen und das Fleisch darin bei starker Hitze in zwei Portionen rundum in ca. 5 Min. hellbraun braten, salzen und pfeffern. Inzwischen die Zwiebeln schälen, grob würfeln, zugeben und 2–3 Min. mitbraten. Das gesamte Fleisch in den Topf geben. Die Brühe zugießen, langsam aufkochen und alles zugedeckt bei mittlerer Hitze ca. 45 Min. kochen.

2 Inzwischen den Kohl putzen, vom Strunk befreien und in feine Streifen schneiden. Die Rote Beten putzen, schälen und ca. 2 cm groß würfeln, dabei am besten Einweghandschuhe tragen. Den Kohl und die Rote Beten nach 20 Min. Garzeit in den Eintopf geben und zugedeckt mitgaren. Die Möhren putzen, schälen und in dünne Scheiben schneiden. Etwa 10 Min. vor Ende der Garzeit zufügen und bis zum Schluss mitkochen.

3 Für das Topping den Apfel waschen, vierteln, entkernen und in kleine Würfel schneiden. Den Dill abbrausen, trocken schütteln, die Spitzen abzupfen und bis auf ein paar zum Garnieren fein schneiden. Den Schmand mit den Apfelwürfeln und der Hälfte vom Dill verrühren und mit Salz und Pfeffer würzen.

4 Die andere Hälfte Dill in den Eintopf geben und alles mit Salz und Pfeffer abschmecken. Den Borschtsch mit dem Apfel-Schmand in Schalen anrichten und mit Dillspitzen garniert servieren. Dazu passt kräftiges Bauernbrot.

Für 4 Personen • 45 Min. Zubereitung • Pro Portion ca. 270 kcal, 10 g E, 9 g F, 32 g KH

ROMANESCO-MINESTRONE

EINFACH

500 g Romanesco (ohne Blätter; ersatzweise Blumenkohl)
300 g Chinakohl
2 Stangen Staudensellerie
2 Zwiebeln
2 Knoblauchzehen
3 EL Olivenöl
1 Dose stückige Tomaten mit Kräutern (400 g)
1 ¼ l Gemüsebrühe
Salz, Pfeffer
80 g kleine Nudeln (z. B. Risoni)
1 Dose weiße Bohnen (250 g Abtropfgewicht)

1 Romanesco waschen, putzen und in Röschen teilen. Stiele schälen und 1 cm groß würfeln. Chinakohl waschen, putzen, halbieren, vom Strunk befreien und in 2 cm breite Streifen schneiden. Sellerie waschen, putzen und das Grün beiseitelegen. Die Stangen in dünne Scheiben schneiden. Zwiebeln und Knoblauch schälen und fein würfeln.

2 Das Öl in einem großen Topf erhitzen. Zwiebeln und Knoblauch ca. 3 Min. andünsten. Tomaten und Brühe zugeben, salzen und pfeffern, aufkochen und zugedeckt ca. 15 Min. köcheln lassen. Vorbereitetes Gemüse und Nudeln zufügen, alles erneut aufkochen und zugedeckt weitere 7–10 Min. garen, gelegentlich umrühren.

3 Die Bohnen kalt abbrausen und in einem Sieb abtropfen lassen. Dann in die Suppe geben und zugedeckt 3 Min. mitkochen. Das Selleriegrün grob hacken. Die Minestrone bei Bedarf mit Salz und Pfeffer nachwürzen und mit Selleriegrün bestreut servieren.

Für 4 Personen • 45 Min. Zubereitung • Pro Portion ca. 710 kcal, 32 g E, 51 g F, 27 g KH

SÜSSKARTOFFEL-GRÜNKOHL-EINTOPF

WINTER-REZEPT

500 g Grünkohl
400 g Süßkartoffeln
2 rote Paprika
1 rote Peperoni
1 große Zwiebel
50 g Butterschmalz
800 ml Gemüsebrühe
Salz, Pfeffer
400 g Cabanossi
2 EL Rapsöl
8 Stängel Petersilie
4 EL saure Sahne (nach Belieben)

1 Grünkohl putzen, Blätter abstreifen, waschen und klein schneiden. Süßkartoffeln schälen. Paprika waschen, halbieren, weiße Trennwände und Kerne entfernen. Beides klein würfeln. Peperoni putzen, entkernen und in Ringe schneiden. Zwiebel schälen und würfeln.

2 Die Zwiebel und die Peperoni in einem großen Topf im heißen Butterschmalz ca. 3 Min. andünsten. Grünkohl, Süßkartoffeln und Paprika zugeben und 3–4 Min. mitdünsten. Alles mit Gemüsebrühe ablöschen, aufkochen und zugedeckt ca. 15 Min. kochen lassen, dabei gelegentlich umrühren. Mit Salz und Pfeffer würzen.

3 Inzwischen die Cabanossi in Scheiben schneiden und im heißen Öl in einer Pfanne von beiden Seiten 2–3 Min. anbraten. Die Petersilie abbrausen und trocken schütteln. Die Blätter abzupfen und fein schneiden. Cabanossi in den Eintopf geben. Alles mit Petersilie bestreuen und nach Belieben mit je 1 Klecks saurer Sahne servieren.

AUS DEM OFEN

Für 4 Personen • 1 Std. Zubereitung • Pro Portion ca. 490 kcal, 12 g E, 27 g F, 50 g KH

WÜRZKOHL MIT MEERRETTICH-PÜREE

HERZHAFT

FÜR DEN WÜRZKOHL
2 kleine Weißkohle (à ca. 600 g)
2 TL Currypulver
1 ½ TL gemahlener Koriander
Salz, Pfeffer
1 EL brauner Zucker
8 EL Olivenöl
2 EL Sesam
1 Handvoll Koriandergrün (nach Belieben)

FÜR DAS MEERRETTICH-PÜREE
1 kg mehligkochende Kartoffeln
1 Knoblauchzehe
Salz
300 ml Milch
1 Stück Meerrettich (ca. 30 g)
Pfeffer

TAUSCH-TIPP
Statt frischer Meerrettichwurzel kann man auch geriebenen Meerrettich aus dem Glas verwenden. Oder ganz stilecht Wasabi, die grüne Meerrettichpaste nach japanischer Art.

WÜRZKOHL: Den Backofen auf 220° vorheizen. Den Kohl putzen, waschen und vierteln. Den Strunk jeweils so weit entfernen, dass die Blätter noch zusammenhalten, dann die Viertel nochmal längs halbieren. Nebeneinander auf ein mit Backpapier belegtes Backblech legen. Curry, Koriander, 1 TL Salz, Pfeffer, Zucker und Öl in einer kleinen Schüssel gut verrühren. Die Kohlspalten rundum mit dem Würzöl bepinseln. Im heißen Ofen (Mitte) ca. 40 Min. backen, dabei einmal wenden.

Inzwischen den Sesam in einer kleinen Pfanne bei mittlerer Hitze goldbraun rösten. Vom Herd nehmen und abkühlen lassen.

MEERRETTICH-PÜREE: Die Kartoffeln schälen, waschen und in kleine Würfel schneiden. Den Knoblauch schälen. Beides in einen Topf mit Salzwasser geben, aufkochen und zugedeckt bei mittlerer Hitze ca. 15 Min. garen, bis die Kartoffeln weich sind. Inzwischen die Milch in einem kleinen Topf erwärmen. Den Meerrettich schälen und fein raspeln, dabei am besten eine Schutzbrille tragen, da er in den Augen brennt.

Die Kartoffeln und den Knoblauch abgießen und kurz ausdampfen lassen. Dann beides mit dem Kartoffelstampfer fein zerstampfen, dabei die heiße Milch und den geriebenen Meerrettich einrühren. Das Püree mit Salz und Pfeffer abschmecken.

FERTIGSTELLEN: Das Meerrettich-Püree mit den Kohlspalten auf Tellern anrichten und mit Sesam und nach Belieben mit etwas Koriandergrün bestreut servieren.

WIRSING-PÄCKCHEN MIT TOMATENSUGO

KLEINE ÜBERRASCHUNG

Für 4 Personen • 45 Min. Zubereitung • 30 Min. Backen • Pro Portion ca. 605 kcal, 28 g E, 32 g F, 50 g KH

FÜR DIE PÄCKCHEN

8 große Wirsingblätter (500–600 g)
Salz
2 Möhren
1 Zwiebel
4 EL Olivenöl
200 g Grünkernschrot
300 ml Gemüsebrühe
60 g Walnusskerne
100 g italienischer Hartkäse mit mikrobiellem Lab (z. B. Montello)
1 Bund Petersilie
2 Eier (M)
Pfeffer

FÜR DIE TOMATENSAUCE

2 Dosen passierte Tomaten mit Kräutern (à 400 g)
125 ml Gemüsebrühe
Salz, Pfeffer

GUT ZU WISSEN

Um ganz sicherzugehen, dass die Wirsingrouladen beim Garen nicht wieder aufgehen, sollte man am besten jedes Päckchen mit Küchengarn fest zubinden.

PÄCKCHEN: Die Wirsingblätter in kochendem Salzwasser 4–5 Min. blanchieren, abgießen und abschrecken (Bild 1). Die Blätter trocken tupfen und die dicken Mittelrippen am unteren Strunkende keilförmig herausschneiden (Bild 2).

Die Möhren putzen, schälen und in kleine Würfel schneiden. Die Zwiebel schälen und fein würfeln. In einem Topf 2 EL Öl erhitzen. Die Zwiebel darin glasig braten. Möhren und Grünkernschrot zufügen und ca. 1 Min. mitrösten. Mit Gemüsebrühe ablöschen, kurz aufkochen und zugedeckt bei geringer Hitze ca. 10 Min. garen, dann offen abkühlen lassen.

Inzwischen die Nüsse hacken und in einer Pfanne anrösten. Herausnehmen und abkühlen lassen. Den Käse fein reiben. Die Petersilie abbrausen, trocken schütteln und die Blätter fein hacken. Ein Drittel zum Garnieren beiseitelegen.

Den Backofen auf 200° vorheizen. Die Grünkernmischung mit den gerösteten Nüssen, 75 g Käse, gehackter Petersilie und Eiern verrühren (Bild 3), dann mit Salz und Pfeffer abschmecken. Je 2–3 EL Grünkernmasse auf ein Kohlblatt geben, die Seitenränder darüberklappen und die Päckchen vom Strunkende zum oberen Blattrand hin fest einrollen (Bild 4).

TOMATENSAUCE: Tomaten mit Brühe, Salz und Pfeffer verrühren und in eine ofenfeste Form (26–28 cm Ø) gießen. Die Päckchen mit der geschlossenen Seite nach oben daraufsetzen (Bild 5), mit dem restlichen Öl beträufeln und mit dem übrigen Käse bestreuen. Dann im heißen Ofen (unten) ca. 30 Min. backen. Mit Petersilie bestreut servieren (Bild 6).

Für 4 Personen • 50 Min. Zubereitung • 25 Min. Backen • Pro Portion ca. 720 kcal, 37 g E, 33 g F, 69 g KH

BLUCCOLI-POLENTA-GRATIN

SATTMACHER

800 g Blumenkohl
500 g Brokkoli
Salz
4 kleine Strauchtomaten
150 g gekochter Schinken
150 g Bergkäse
750 ml Gemüsebrühe
300 g Polenta (Maisgrieß)
2 EL Butter
2 Eier (M)
250 g Sahne
Pfeffer
½ Bund Schnittlauch (nach Belieben)

TAUSCH-TIPP
Brokkoli kann während der Saison von Mai bis Oktober auch durch Romanesco – die äußerst dekortative grüne Variante vom Blumenkohl – ersetzt werden.

1 Blumenkohl und Brokkoli waschen, putzen und in Röschen teilen. Die Brokkolistiele schälen und klein würfeln. Brokkoli und Blumenkohl zusammen in einen Topf mit kochendem Salzwasser geben und 3–4 Min. garen. Das Gemüse abgießen, abschrecken und gut abtropfen lassen. Die Tomaten waschen, vom Stielansatz befreien und quer halbieren. Den Schinken klein schneiden. Den Bergkäse fein reiben.

2 Den Backofen auf 220° vorheizen. Die Brühe in einem Topf aufkochen. Die Polenta einrieseln und unter Rühren einmal aufkochen lassen, dann zugedeckt bei geringer Hitze nach Packungsanweisung in 5–15 Min. ausquellen lassen. Vom Herd nehmen und etwas abkühlen lassen.

3 Eine ofenfeste Form (ca. 26 cm Ø) mit ½ EL Butter einfetten. Die Eier verquirlen und mit der Sahne und 50 g Käse in die Polenta rühren, mit Salz und Pfeffer würzen.

4 Die Polentamasse in die Form geben und glatt streichen. Blumenkohl und Brokkoli mit dem Schinken mischen, auf der Polenta verteilen. Die Tomatenhälften dazwischen setzen. Alles salzen und pfeffern und mit dem restlichen Käse bestreuen. Die übrige Butter in Flöckchen darauf verteilen.

5 Das Gratin im heißen Ofen (unten) 20–25 Min. backen, bis der Käse goldbraun ist. Den Schnittlauch, falls verwendet, abbrausen, trocken schütteln, fein schneiden und vor dem Servieren aufstreuen. Dazu passt grüner Salat.

Für 1 Tarteform (∅ 28–30 cm; 12 Stücke) • 45 Min. Zubereitung • 1 Std. Kühlen • 50 Min. Backen • 10 Min. Abkühlen • Pro Stück ca. 210 kcal, 7 g E, 13 g F, 16 g KH

SAUERKRAUT-FENCHEL-TARTE

KÖSTLICHE KOMBINATION

FÜR DEN TEIG
200 g Weizenmehl (Type 550)
½ TL Salz
100 g Schmand
75 g weiche Butter
1 Ei (M)

FÜR DEN BELAG
520 g Sauerkraut (Folienbeutel)
1 Knolle Fenchel (ca. 300 g)
2 Schalotten
75 g mittelalter Gouda
100 g Schmand
100 ml Milch
3 Eier (M)
1 TL Fenchelsamen
Salz, Pfeffer

AUSSERDEM
Mehl zum Ausrollen
Butter für die Form

MEHR DARAUS MACHEN
Nach dem Backen die Tarte mit 100 g rohem Schinken oder geräuchertem Lachs belegen.

TEIG: Das Mehl mit dem Salz in einer Schüssel mischen. Schmand, Butter und Ei zugeben und alles zuerst mit den Knethaken des Handrührgeräts, dann mit den Händen zu einem glatten Teig verkneten. Den Teig zu einer Kugel formen, in Frischhaltefolie wickeln und 1 Std. kalt stellen.

BELAG: Das Sauerkraut in einem Sieb abtropfen lassen. Den Fenchel waschen, putzen, das zarte Grün abschneiden und beiseitelegen. Die Fenchelknolle längs halbieren, vom Strunk befreien und in feine Scheiben hobeln. Schalotten schälen und in feine Ringe schneiden. Sauerkraut gut ausdrücken und mit Fenchel und Schalotten mischen. Den Käse reiben.

Schmand, Milch und Eier in einer Schüssel glatt verrühren. Die Fenchelsamen in einem Mörser fein zerstoßen und untermischen. Alles mit Salz und Pfeffer kräftig würzen. Dann die Sauerkrautmischung und den Käse unterrühren.

FERTIGSTELLEN: Den Backofen auf 200° vorheizen. Den Teig auf der leicht bemehlten Arbeitsfläche 2 cm größer als die Form ausrollen. Die Tarteform (am besten mit herausnehmbarem Boden!) einfetten. Den Teig hineinlegen, den Rand hochziehen und rundum leicht andrücken. Die Sauerkrautmischung auf dem Teig verteilen. Die Tarte im heißen Ofen (unten) 45–50 Min. backen. Aus dem Ofen nehmen und kurz abkühlen lassen. Dann in Stücke schneiden und mit dem fein gehackten Fenchelgrün bestreut servieren.

REGISTER

Vegetarische Rezepte, die im Buch mit einem gekennzeichnet sind, sind hier grün abgesetzt.

Abkürzungsverzeichnis:
E = Eiweiß
EL = Esslöffel (gestrichen)
F = Fett
kcal = Kilokalorien
KH = Kohlenhydrate
Msp. = Messerspitze
Pck. = Päckchen
TK = Tiefkühl
TL = Teelöffel (gestrichen)
Ø = Durchmesser

LIEBE LESERINNEN UND LESER,

wir wollen Ihnen mit diesem Buch Informationen und Anregungen geben, um Ihnen das Leben zu erleichtern oder Sie zu inspirieren, Neues auszuprobieren. Wir achten bei der Erstellung unserer Bücher auf Aktualität und stellen höchste Ansprüche an Inhalt und Gestaltung. Alle Anleitungen und Rezepte werden von unseren Autoren, jeweils Experten auf ihren Gebieten, gewissenhaft erstellt und von unseren Redakteur*innen mit größter Sorgfalt ausgewählt und geprüft.

Haben wir Ihre Erwartungen erfüllt? Sind Sie mit diesem Buch und seinen Inhalten zufrieden? Wir freuen uns auf Ihre Rückmeldung. Und wir freuen uns, wenn Sie diesen Titel weiterempfehlen, in Ihrem Freundeskreis oder bei Ihrem Online-Kauf.

Sollten wir Ihre Erwartungen so gar nicht erfüllt haben, tauschen wir Ihnen Ihr Buch jederzeit gegen ein gleichwertiges zum gleichen oder ähnlichen Thema um.

KONTAKT ZUM LESERSERVICE

GRÄFE UND UNZER VERLAG
Grillparzerstraße 12
81675 München
www.gu.de

IMPRESSUM

Postfach 860366, 81630 München

GU ist eine eingetragene Marke der GRÄFE UND UNZER VERLAG GmbH, www.gu.de

ISBN 978-3-8338-8416-0
2. Auflage 2023

Projektleitung: Linh Nguyen, Juliane Helf
Lektorat: Christin Geweke
Korrektorat: Waltraud Schmidt
Gesamtgestaltung: independent Medien-Design, München
Umschlaggestaltung: ki36 Editorial Design, Sabine Krohberger, München
Herstellung: Gloria Schlayer
Satz: Eberl & Koesel Studio GmbH
Reproduktion: medienprinzen, München
Druck und Bindung: Firmengruppe APPL, aprinta druck, Wemding

GRÄFE UND UNZER
Ein Unternehmen der
GANSKE VERLAGSGRUPPE

DIE AUTORIN

Martina Kittler ist Oecotrophologin und Autorin zahlreicher Kochbücher. Mit den kreativen und köstlichen Rezepten in diesem Buch zeigt sie, dass Kohl nicht nur lecker und gesund ist, sondern auch vielseitig einsetzbar.

DIE FOTOGRAFINNEN

Maria Grossmann und Monika Schürle arbeiten seit Jahren gemeinsam für namhafte Verlage. Mit Unterstützung von Lukas Grossmann (Foodstyling) haben sie die Kohlgerichte stilvoll in Szene gesetzt.

Bildnachweis:
Grossmann.Schuerle: S. 06-59 und Stepfotos auf den Klappen
Coco Lang: S. 01, 05 und Stillleben auf den Klappen
Wolfgang Schardt: Cover
Michael Kremer Fotosdesign: Autorenfoto auf S. 04

Umwelthinweis:
Nachhaltigkeit ist uns sehr wichtig. Der Rohstoff Papier ist in der Buchproduktion hierfür von entscheidender Bedeutung. Daher ist dieses Buch auf PEFC-zertifiziertem Papier gedruckt. PEFC garantiert, dass ökologische, soziale und ökonomische Aspekte in der Verarbeitungskette unabhängig überwacht werden und lückenlos nachvollziehbar sind.

Syndication: www.seasons.agency

APPETIT AUF MEHR?

ISBN 978-3-8338-7914-2

ISBN 978-3-8338-7892-3

ISBN 978-3-8338-7767-4

ISBN 978-3-8338-7077-4

ISBN 978-3-8338-7141-2

ISBN 978-3-8338-7076-7

Alle hier vorgestellten Bücher sind auch als eBook erhältlich.

G|U

Mehr von GU auf **www.gu.de** und **facebook.com/gu.verlag**

DIE »GU KOCHEN PLUS«-APP

1 APP HERUNTERLADEN

Laden Sie die kostenlose »GU Kochen Plus«-App im Apple App Store oder im Google Play Store auf Ihr Smartphone. Starten Sie die App und wählen Sie Ihren Küchenratgeber aus.

2 REZEPTBILD SCANNEN

Scannen Sie das gewünschte Rezeptbild mit der Kamera Ihres Smartphones. Klicken Sie im Display die Funktion Ihrer Wahl.

3 FUNKTIONEN NUTZEN

Sammeln Sie Ihre Lieblingsrezepte. Speichern und verschicken Sie Ihre Einkaufslisten. Oder nutzen Sie den praktischen Supermarkt-Finder und den Rezept-Planer.